Histoires bibliq

pour enfants

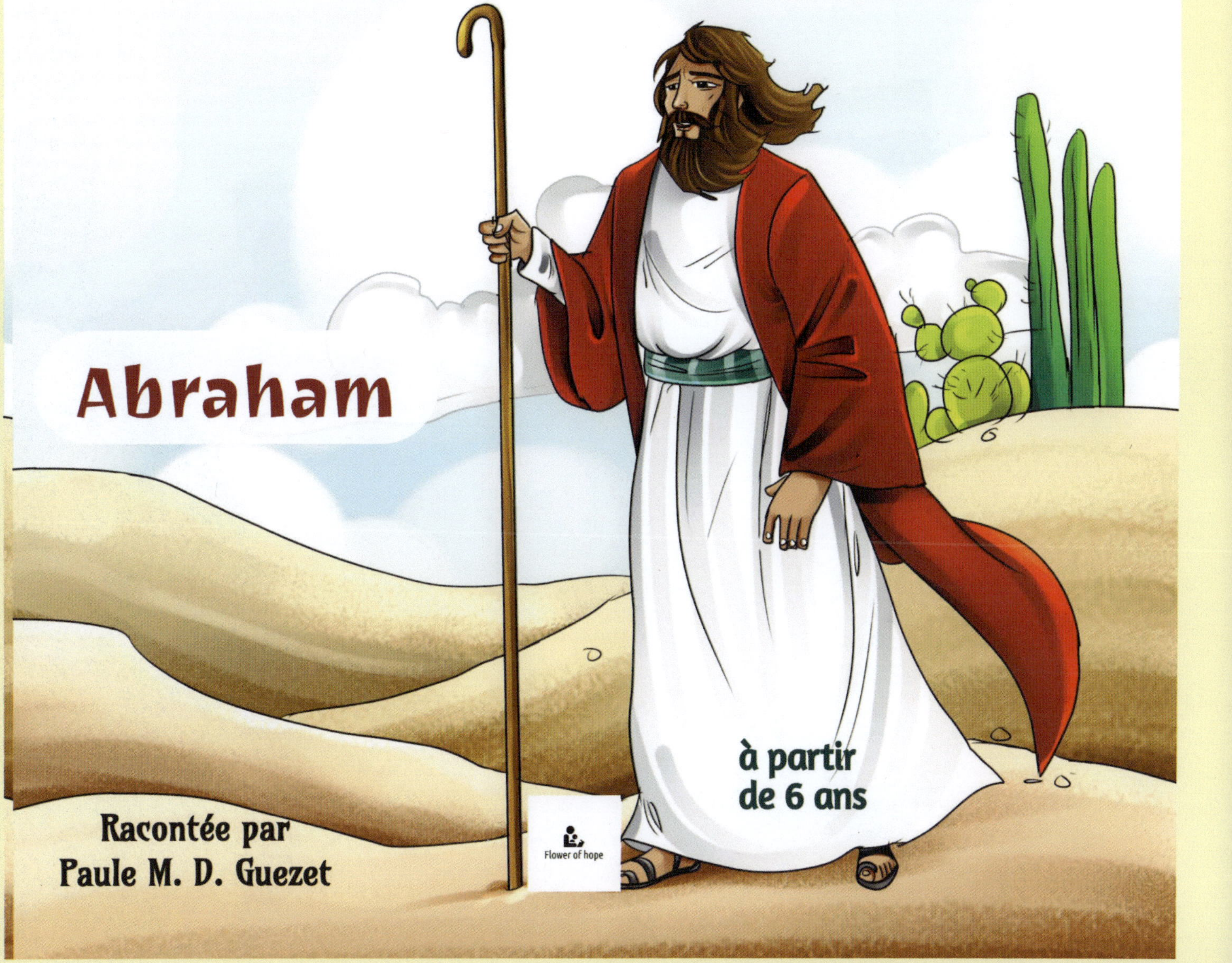

Abraham

à partir de 6 ans

Racontée par
Paule M. D. Guezet

Flower of hope

Histoires bibliques

Pour enfants

Abraham

Paule M. D. Guezet

Flower of hope

Préface

Abraham est le premier patriarche de la Bible avec lequel Dieu commence une alliance.
Cette alliance sera si forte qu'elle se poursuivra jusqu'à aujourd'hui avec Jésus-Christ.

Par Abraham, Dieu veut créer un peuple de personnes qui croient en Dieu et qui sont prêtes à tout abandonner pour faire la volonté de Dieu. Abraham est donc le premier croyant sur la terre.

À l'époque où il vivait, les gens croyaient en de nombreux dieux différents. Mais avec Abraham, la foi en un seul Dieu a été établie. La foi en Yahvé.

Au début, Abraham vit avec son père et ses frères à Ur en Chaldée. Il a épousé Saraï, mais pendant des années, ils n'ont pas d'enfants parce que sa femme est stérile.

Un jour, son père Térach emmène toute sa famille avec lui et s'installe à Charan. Là-bas, il mourra et Abraham continuera le voyage avec sa femme Saraï, ses serviteurs et ses troupeaux, mais aussi avec son neveu Lot.

Ses autres frères restent là-bas et ne partent pas avec lui. Abraham part parce que Dieu l'a appelé et lui a dit de quitter ce pays et d'aller au pays de Canaan.
Dieu veut le bénir et faire de lui une grande nation. Il a 75 ans.

Retenons qu'il n'y a pas d'âge pour décider de suivre le Seigneur entièrement. Abraham avait 75 ans, mais il n'avait pas peur de faire confiance à un Dieu qui l'emmenait dans un pays qu'il ne connaissait même pas. Quand Dieu l'appelait, il se levait et partait tout simplement. La foi en Dieu est très importante pour un croyant

Abram part avec sa famille et arrive d'abord aux chênes de Moré. Là, Dieu lui apparaît et lui promet à nouveau qu'il lui donnera des enfants. Abram lui construit là son premier autel.

Puis Abram continue à marcher à travers le pays plein de montagnes et s'installe entre Béthel et Aï. Il construit à nouveau un autel à l'Éternel et le prie.

Puis il continue son chemin par étapes et se déplace dans le Néguev au sud. Cette région est une terre aride, il y a donc très peu d'eau.

Retenons que lorsqu'Abram faisait cela, il plantait le nom du Seigneur dans le pays de Canaan. C'était une région où le nom du Seigneur n'était pas connu. Abram a donc frayé un chemin à Dieu pour que sa présence puisse habiter dans le pays.

Ensuite, il y a une famine dans le pays de Canaan et Abram part en Égypte avec toute sa famille.

Là-bas, il fait croire aux gens que Saraï est sa sœur et le pharaon la prend pour épouse. En échange, le pharaon donne à Abram des moutons et des bœufs, mais aussi des serviteurs et des servantes, dont Agar.

Mais Dieu menace le pharaon de le tuer s'il garde toujours la femme d'Abram.

Le pharaon a peur, rend sa femme à Abram et le chasse avec tout ce qui lui appartient. Abram repart donc vers le pays de Canaan.

Retenons que lorsqu'Abram est allé en Égypte, il s'est opposé à ce que Dieu lui avait dit au début. Il aurait dû avoir confiance que Dieu les soutiendrait même pendant la famine.

Abram retourne à l'endroit d'où il était parti et dresse un autel à l'Éternel en invoquant son nom. Pour cela, il sacrifie des animaux qu'il prend dans son grand troupeau.

Le temps vient et Abram se sépare de son neveu Lot et chacun va de son côté. L'Éternel promet à Abram qu'il lui donnera tout le pays du nord au sud et de l'est à l'ouest, aussi loin que ses yeux pourront voir.

Il lui promet aussi de nombreux enfants comme la poussière de la terre, que personne ne peut compter, et l'encourage à aller encore plus loin à travers tout le pays.

Retenons que Dieu n'a pas parlé à Abram pendant tout le temps qu'il a passé en Égypte. Ce n'est que lorsqu'il retourne à la terre promise que Dieu lui parle à nouveau. Il y a des endroits où Dieu est présent et d'autres où il ne l'est pas. Nous devons être dans les endroits où il est présent.

Puis l'Éternel demande à Abram de prendre des animaux et des oiseaux, de les couper en deux et de les suspendre à une corde, car il veut conclure une alliance avec lui.

Au coucher du soleil, Abram s'endort profondément, puis il s'effraie et se réveille. Dieu lui dit alors que ses descendants seront esclaves en Égypte pendant 400 ans, mais qu'il leur enverra un sauveur qui les libérera.

Quand Dieu a fini de parler, il envoie une fournaise fumante et des flammes entre les animaux qu'Abram avait partagés. C'est ainsi que Dieu établit son alliance avec Abram par ce feu.

Retenons que Dieu veut tellement faire d'Abram son ami qu'il lui révèle plusieurs centaines d'années à l'avance que son peuple ira en esclavage, mais qu'il le libérera. Il lui donne même le temps de savoir combien de temps cela prendra et peut-être même de prier.

Pendant ce temps, Saraï, qui voit le temps passer et n'a toujours pas d'enfant, décide de prendre sa servante Agar et de la donner à Abram pour qu'elle lui fasse un enfant qui sera son héritier. Agar donne à Abram un fils qui s'appelle Ismaël.

Quand Abram a 99 ans, Dieu lui apparaît à nouveau et renouvelle son alliance avec lui. Il lui promet une descendance et change son nom en „Abraham", ce qui signifie „père de nombreuses nations".

En signe de cette alliance, Dieu exige d'Abraham qu'il circoncise désormais tous les mâles de sa maison dès l'âge de huit ans. Dieu change aussi le nom de Saraï en celui de ‚Sara' parce qu'elle donnera naissance à de nombreuses nations. À ce moment-là, Sara a 90 ans.

Retenons que le manque de foi peut amener les gens à prendre des décisions qui ne sont pas dans le plan de Dieu. Comme le temps passait et qu'Abraham et Sara commençaient à perdre leur foi, ils ont décidé de trouver une solution alternative.

Un jour, Abraham vit trois hommes qui n'étaient pas loin de ses tentes. C'était le Seigneur qui passait pour détruire Sodome.

Abraham les reçut et le Seigneur promit qu'à la même période, l'année d'après, Sara aurait un fils.

Cela s'est passé comme Dieu l'avait promis, et Sara a mis au monde Isaac, dont le nom signifie „rire", parce que Sara avait ri quand Dieu avait dit qu'elle enfanterait encore à son âge.

Abraham a 100 ans à ce moment-là. Il organise un grand festin pour célébrer la naissance de son fils.

Retenons que bien qu'Abraham ait essayé d'avoir un fils par l'intermédiaire de sa servante, Dieu est déterminé à tenir sa promesse et vient lui-même la rappeler à Abraham qui semble l'avoir oubliée.

Il y a toujours un jour où la promesse de Dieu est fermement établie, et elle se réalisera. C'était le jour pour Abraham et Dieu est venu ouvrir la voie.

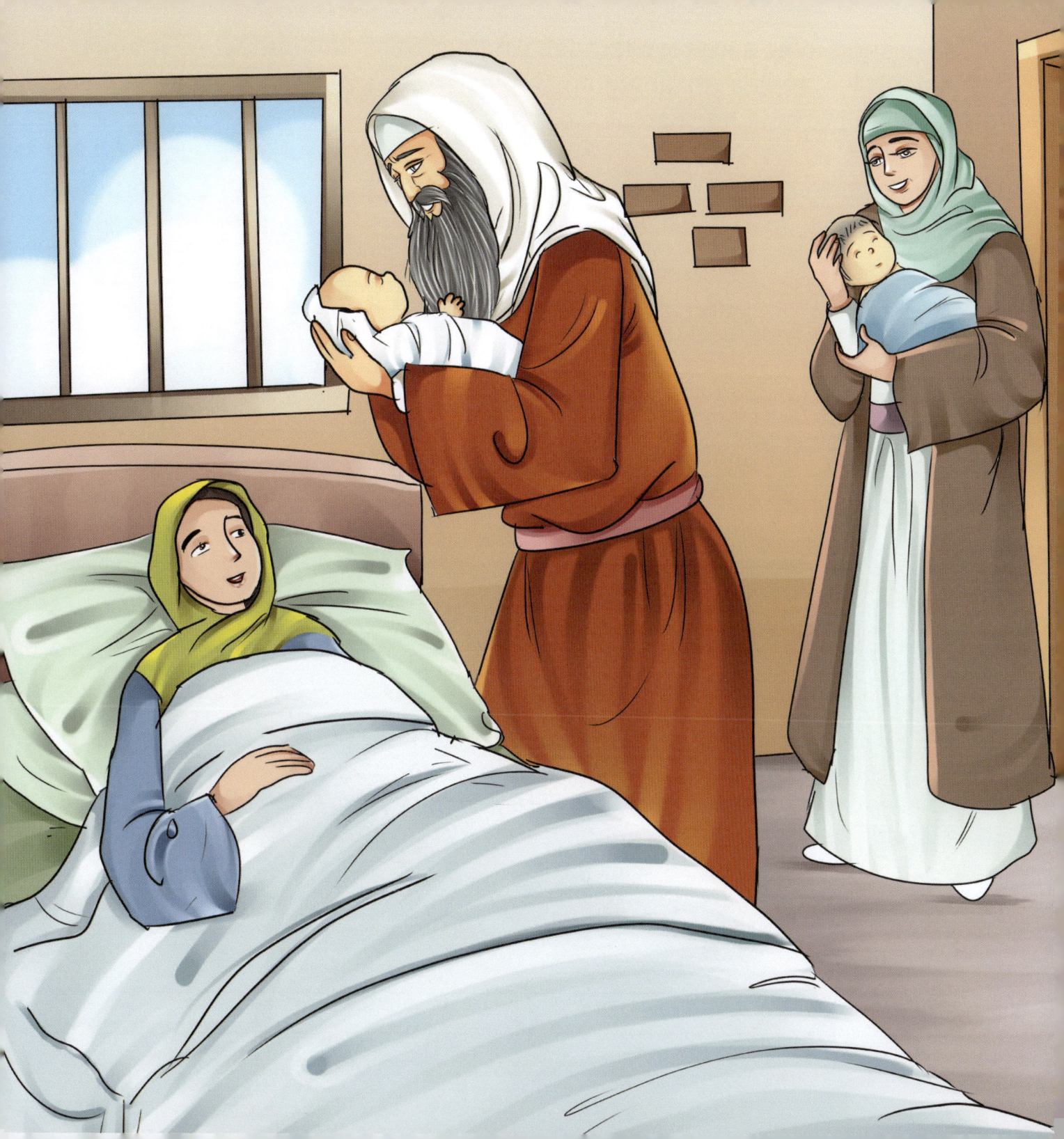

Isaac grandit avec son frère Ismaël. Un jour, Sara voit Ismaël se moquer d'Isaac et demande à Abraham de chasser Agar avec son fils, car elle veut qu'Isaac soit le seul héritier.

Agar est donc renvoyée et retourne en Egypte. En chemin, elle n'a plus d'eau et il fait très chaud. C'est un désert.

Son fils est en train de mourir et Agar se met à pleurer, le laisse sur le sol et s'éloigne pour ne pas le voir mourir.

C'est alors qu'un ange lui apparaît et lui montre une source d'eau où elle peut puiser de l'eau.

Retenons qu'Isaac était le fils de la promesse et c'est pourquoi Dieu lui-même a accepté qu'il n'hérite pas avec son frère. Tous les fils d'un père ne sont pas ceux qui doivent entrer dans l'alliance que le père a conclue avec Dieu. Mais Dieu, dans son libre arbitre, choisit celui qu'il veut.

Ensuite, Abraham s'installe avec sa famille à Beersheba. Un jour, Dieu décide de tester Abraham et lui demande de sacrifier son fils Isaac. Il veut voir si Abraham ferait tout pour lui plaire. Abraham se lève donc tôt le matin, prend son âne, ses serviteurs et Isaac et se met en route pour le mont Morija.

Arrivé sur la montagne, Abraham construit l'autel, met le bois et attache son fils Isaac, puis il prend son couteau. Alors qu'il s'apprête à lever la main pour égorger son fils, un ange de Dieu l'appelle du ciel et lui dit de ne pas porter la main sur l'enfant, car il est maintenant clair qu'Abraham aime Dieu de tout son cœur.

Il lui montre un bélier qu'il doit sacrifier à la place de son fils. L'ange jure ensuite de bénir Abraham et de multiplier sa descendance. Abraham vit encore 175 ans et, après la mort de Sara, il se marie avec une autre femme qui lui donne six fils.

Retenons que c'est ainsi qu'Abraham entre dans l'histoire comme père des croyants, grâce à la foi dont il a fait preuve envers Dieu. Dieu l'a déclaré juste et Dieu a tenu sa parole. Il a poursuivi son alliance avec son fils Isaac et son petit-fils Jacob. C'est de Jacob que descendront les douze tribus d'Israël.

Connais-tu Jésus ?

Veux-tu devenir son ami ?

Jésus est le Fils de Dieu qui a pris une forme humaine pour venir sur terre. Il était avec Dieu, le Père, et est venu d'en haut. Avant sa venue, Dieu avait essayé de différentes manières d'attirer les gens à lui pour qu'ils le connaissent, qu'ils apprennent ses attentes et qu'ils se réconcilient avec lui. Les hommes devaient se réconcilier avec Dieu parce qu'ils n'étaient pas de bons amis. Tout ce que les gens faisaient était de blesser le cœur de Dieu, et ils le faisaient de différentes manières : en ayant de mauvaises pensées, en prononçant de mauvaises paroles et en faisant de mauvaises choses. C'est ce qu'on appelle le péché.

Pour cette raison, tous les humains étaient condamnés à mourir pour toujours et ne pouvaient pas aller au paradis. Dès que les gens naissaient, ils portaient en eux le péché qui finirait par se manifester. Les bébés jusqu'à un certain âge ne pratiquent pas le péché parce qu'ils n'en sont pas conscients. Mais le péché est quand même en eux. Très vite, quand ils commencent à grandir, ils pèchent intentionnellement, c'est-à-dire qu'ils font de mauvaises choses.

Ce péché est entré dans les humains par Adam et Eve, qui avaient péché en désobéissant à Dieu dans le jardin d'Eden. C'est comme s'ils avaient mangé quelque chose qui ne pouvait pas être digéré, qui restait en eux et qui était ensuite transmis à leurs enfants et aux enfants de leurs enfants. Le péché est comme une graine qui, lorsqu'elle est mangée, ne se décompose plus et ne peut

plus être digérée. Au lieu de cela, elle fait pousser un arbre dans l'homme. Une fois que cet arbre a poussé, il produit beaucoup de fruits et il devient impossible de l'éradiquer, car il a des racines très profondes et il poussera à nouveau. Comme cet arbre n'était pas permis, tous ceux qui le portent en eux seront punis et ne vivront pas avec Dieu.

Dieu a vu que nous sommes donc tous perdus. La seule façon de couper cet arbre en nous était d'envoyer son fils Jésus-Christ. Il devait devenir un homme comme nous pour être puni à notre place. Jésus-Christ est venu en tant qu'homme, mais il n'a pas fait pousser cet arbre en lui, alors qu'il en avait la possibilité s'il avait simplement mangé un de ses fruits qui lui était offert. Satan a tout fait pour le faire changer d'avis en lui proposant toutes sortes de fruits de cet arbre, et ces fruits étaient très tentants. Mais Jésus a tenu bon jusqu'au jour où il devait être puni à notre place. Pour cela, il devait mourir sur la croix et son sang devait couler. De cette façon, Dieu voulait cesser de se mettre en colère contre nous.

Quand Jésus est mort, il est aussi allé en enfer, là où vivent tous ceux qui ne veulent pas obéir à Dieu. Mais comme il n'avait pas désobéi lui-même, mais avait expié les péchés d'une autre personne, l'enfer n'a pas pu le retenir prisonnier et il en est sorti le troisième jour. Il avait vaincu la mort. Désormais, il avait les clés pour fermer et ouvrir les portes de l'enfer, et lui seul pouvait décider qui entrerait et qui n'entrerait pas.

Maintenant, Jésus offre aussi à tous ceux qui croient qu'il est le Fils de Dieu, venu pour nous sauver, la possibilité de ne plus être des ennemis de Dieu et d'aller au ciel. Pour ce faire, tu dois accepter Jésus-Christ comme ton Seigneur, c'est-à-dire comme celui qui décidera de tout dans ta vie, et il doit aussi devenir ton sauveur,

le seul qui peut te sauver de la mort. Si tu crois en cela et que tu veux accepter le Seigneur Jésus-Christ, fais cette prière.

"Seigneur Dieu, je suis désolé pour toutes les mauvaises choses que j'ai faites jusqu'à présent. S'il te plaît, pardonne-moi d'avoir fait du tort à mes parents, à mon entourage et à toi-même. Je reconnais que je suis coupable en tout et que j'ai besoin du Seigneur Jésus-Christ pour recevoir le pardon. Je reconnais que Jésus est le seul à pouvoir m'aider à changer. Alors je t'en supplie, Jésus, viens habiter dans mon cœur maintenant et fais briller ta lumière dans mon cœur pour que Dieu ne soit plus en colère contre moi et que je devienne un enfant de Dieu. Amen".

Si tu as fait cette prière, sache que Dieu t'a entendu et que tu es devenu un enfant de Dieu. L'arbre du péché a été coupé en toi et il n'a plus la possibilité de porter du fruit tant que tu restes très proche du Seigneur Jésus-Christ et que tu obéis à tout ce qu'il te dit de faire. Pour savoir ce que Dieu attend de toi, il t'a donné la Bible. Lis-la chaque jour et tu sauras qui il est et comment tu dois vivre ta vie à partir de maintenant. N'aie pas peur de ce que les autres diront de toi et tout ira bien. Jésus-Christ est avec toi chaque jour. N'hésite pas non plus à m'écrire si tu veux partager tes expériences et tes difficultés avec moi.

Paule M. D. Guezet

Merci d'avoir lu mon livre !
Découvre avec moi d'autres séries :

1- *La série de "l'Oncle Phil, raconte-moi une histoire » :*
- Raconte-moi une histoire, Oncle Phil : La création
- Raconte-moi une histoire, Oncle Phil : L'arche
- Raconte-moi une histoire, oncle : Le sauveur
- Raconte-moi une histoire : Joseph

2- *La série "Mamie, regarde !"*
- Les animaux
- Le ciel et son armée
- Les arbres
- Le relief et les eaux
- Les plantes et les légumes

3- *La série "Lilly et Léna".*
- Une rencontre géniale
- Le rendez-vous
- La transformation

4- *La série "Les petits disciples, Joe et May".*
- Un bon caractère
- L'amour du prochain
- À la plage
- Prier pour tout

- Fuir les mauvais attitudes

5- La série "Les contes du berger".
- *La princesse maudite de l'île de Zara*
- *La prisonnière de la vieille sirène*
- *Le fermier et son méchant voisin*
- *Noah le bosseur et Elias le gourmand*
- *Arjon et les loups*

6- La série "La légende de Zaky".
- *Un enfant modèle*
- *Le combat pour la foi*
- *Un faiseur de disciple*

7- La série « Jésus, qui es-tu ? »
- *Vol.1 à Vol.5*

8- La série « Histoires bibliques pour enfants »
- *La création*
- *Abraham*
- *Jacob*
- *Moise*

9- Les cahier de coloriage de la Bible
- *La création*   Moise
- *Abraham*
- *Jacob*

Printed in Great Britain
by Amazon